ARISTÓTELES

100 MINUTOS
para entender
ARISTÓTELES

2ª edição

astral cultural

Copyright © 2022 Astral Cultural
Todos os direitos reservados à Astral Cultural e protegidos
pela Lei 9.610, de 19.2.1998. É proibida a reprodução total ou parcial sem
a expressa anuência da editora.

Editora Natália Ortega
Produção editorial Esther Ferreira, Jaqueline Lopes, Renan Oliveira, Roberta Lourenço e Tâmizi Ribeiro
Revisão João Rodrigues
Capa Agência MOV

Dados Internacionais de Catalogação na Publicação (CIP)
Angélica Ilacqua CRB-8/7057

'C655 Coleção saberes : 100 minutos para entender
    Aristóteles. — 2. ed. — Bauru, SP : Astral Cultural, 2022.
    128 p. (Coleção Saberes)

    Bibliografia
    ISBN 978-65-5566-179-8

    1. Aristóteles 2. Filosofia antiga 3. Filósofos antigos

22-4533   CDD 184

Índices para catálogo sistemáticos:
1. Filósofos

BAURU
Rua Joaquim Anacleto
Bueno 1-42
Jardim Contorno
CEP: 17047-281
Telefone: (14) 3879-3877

SÃO PAULO
Rua Augusta, 101
Sala 1812, 18° andar
Consolação
CEP: 01305-000
Telefone: (11) 3048-2900

E-mail: contato@astralcultural.com.br

SUMÁRIO

Apresentação	7
Biografia	11
Contexto histórico	25
O pensamento de Aristóteles	39
Controvérsias e críticas	97
Legado	111

APRESENTAÇÃO

Nunca antes se produziu tanta informação como na atualidade. Nossos dados estão armazenados em redes sociais, órgãos governamentais e corporações privadas, e se espalham de forma acelerada. Basta procurar um termo na internet para conhecer detalhes da vida ou do trabalho de um político, filósofo, artista, historiador ou cientista. Essa facilidade vem transformando a assimilação dessas informações em uma prática trivial, já que elas estão apenas a um clique ou uma pesquisa de voz. Mas nem sempre esse conteúdo virtual está alinhado, objetivo ou coerente. E isso confirma que acessar informações é diferente de adquirir conhecimentos. Por isso, a *Coleção Saberes* chega com esse propósito: apresentar ideias e teorias de uma forma organizada, sintetizada e dinâmica. Em aproximadamente 100 minutos, é possível desvendar a mente de um filósofo ou cientista e se familiarizar com suas contribuições para o desenvolvimento cultural e social da humanidade.

Nesta edição, apresentamos Aristóteles, um dos filósofos que ajudaram a construir a história do pensamento ocidental, ao lado de Sócrates e Platão. Nascido em Estagira, em 384 anos antes de Cristo, Aristóteles foi aluno de Platão e chegou a lecionar na Academia, escola de filosofia fundada por seu mestre em Atenas. Mas seu espírito investigativo o conduziu a outro caminho, e ele passou a desconfiar do idealismo platônico, direcionando sua energia intelectual para o mundo natural. Considerado o primeiro cientista do mundo,

Aristóteles classificou animais e plantas — algo, até então, nunca tentado — e também estabeleceu que a verdade de todas as coisas não está numa dimensão superior, como sugeria Platão, mas ao nosso redor, no dia a dia, na realidade concreta. Inventor da lógica, ele abrangeu nos seus estudos diferentes disciplinas, como biologia e ética, astronomia e retórica, poética e política. Conheça as ideias de um dos maiores gênios da humanidade nas próximas páginas.

1

BIOGRAFIA

Aristóteles nasceu no ano 384 antes do nascimento de Cristo, em Estagira (Calcídica), região nordeste da Grécia moderna. Sua família integrava a aristocracia, uma vez que seu pai era médico da família real da Macedônia. Perdeu os pais na adolescência e, aos dezessete anos, foi enviado por seu tutor a Atenas, onde deveria prosseguir nos estudos. Na cidade grega, ingressou na Academia, a escola de filosofia de Platão (427-347 a.C.). Permaneceu lá por vinte anos, primeiro como aluno, depois como professor.

Quando Platão morreu, acreditava-se que Aristóteles assumiria a direção da Academia, mas isso não aconteceu. Os estudiosos suspeitam que ele tenha sido preterido por já discordar das teorias de Platão, sobretudo de um dos pilares de sua filosofia: o mundo das ideias em contraposição ao mundo dos sentidos.

Alexandre, o Grande

Aristóteles, então, mudou-se para Jônia (território onde hoje é a Turquia) e passou a estudar a vida selvagem da região. Chegou a classificar 540 espécies de animais, algo que nunca havia sido feito antes na história da humanidade. A partir dessa classificação biológica, organizou um sistema hierárquico que, até os dias de hoje, serve como base para a taxonomia, disciplina que estuda e classifica os grupos de organismos biológicos com base em características comuns.

Em 338 a.C., o filósofo retornou à Macedônia para trabalhar como professor do filho do rei Filipe II, o jovem Alexandre. Considerado o maior líder militar da Antiguidade, esse jovem, que viria a ser chamado de Alexandre, o Grande (353-323 a.C.), foi profundamente influenciado por Aristóteles.

Ao se tornar rei, Alexandre ajudou a difundir a cultura grega em todo o mundo. Como? Disseminando entre os povos conquistados a importância da valorização da arte, das ciências, das leis e da reflexão filosófica. Fundador de mais de setenta cidades, o líder militar construiu um império gigantesco, que se estendia do sudeste da Europa até a Índia.

O surgimento do Liceu

Em 335 a.C., Aristóteles voltou para Atenas e, encorajado pelo rei Alexandre, decidiu fundar uma escola de filosofia, que acabou se tornando concorrente da Academia de Platão. Foi nessa escola, conhecida como Liceu, que Aristóteles registrou a maior parte de suas ideias e sacramentou suas principais teorias. O Liceu ganhou esse nome por estar localizado numa área vizinha ao templo do deus Apolo Lício (ou Liceano).

Na escola de Aristóteles, o método de ensino, inspirado no do filósofo Sócrates (469-399 a.C.), consistia em diálogos entre professores e estudantes, que costumavam caminhar pelas instalações enquanto debatiam. É por isso que a escola de Aristóteles ficou conhecida como peripatética: *peripatheticus* é um termo grego que significa "aquele que passeia".

Após a morte do rei Alexandre, o Grande o governo foi derrubado em Atenas e cresceu na cidade um sentimento antimacedônico. Sentindo-se perseguido, Aristóteles buscou refúgio na ilha de Eubeia, onde morreu em 322 antes de Cristo, aos 62 anos.

As bases do pensamento

Por que Aristóteles é considerado um dos maiores gênios de todos os tempos? Porque esse pensador não se contentou em lecionar, dirigir uma escola filosófica e trocar ideias com seus pares na Grécia Antiga.

Além de se revelar um pesquisador metódico e muito inteligente, ele também organizou seus conhecimentos para formar um sólido legado, debruçando-se sobre uma gama generosa de disciplinas e áreas do conhecimento, que tinham outros nomes, mas que hoje podem ser chamadas de astronomia, biologia, zoologia, lógica, física, ética, política, retórica, poética e psicologia. De seu legado, apenas um terço sobreviveu até a posteridade.

"Ele foi o primeiro pensador a propor uma organização ou divisão dos seres vivos e a fazer pesquisa em biologia. Impactou também a área do direito, pois foi o primeiro a escrever obras específicas de ética, e sua retórica e dialética têm influenciado debates nesse campo atualmente, principalmente em autores que discutem a racionalidade, a função do juiz e suas qualidades para exercer bem a função de decidir, especialmente em questões não presentes nas leis escritas", explica a especialista Christiani Margareth de Menezes e Silva, doutora em Filosofia pela Pontifícia Universidade Católica do Rio de Janeiro (PUC-Rio).

Os estudiosos dos fundamentos de Aristóteles concordam que ele criou uma verdadeira enciclopédia para a posteridade e atuou como um importante articulador do que viria a ser chamado de ciência. O motivo: em suas investigações, com algumas exceções, ele não costumava se fundamentar em pressupostos arbitrários – preferia, ao contrário, observar, investigar, comparar, conferir, constatar para, então, desenvolver técnicas e dominar conhecimentos em diferentes campos do saber.

Principais obras

- **Ética a Nicômano:** noções de virtude, o uso prático da razão, como moldar o caráter para alcançar harmonia social.
- **Metafísica:** tratado sobre a essência do ser e questões que escapam do domínio da física.
- **Política:** escritos sobre modos de governo e a necessidade de estimular a conquista de virtudes nos cidadãos.
- **Organon:** estudos sobre a lógica como um instrumento da investigação filosófica.
- **Retórica:** observações sobre os gêneros retóricos – político, judicial e demonstrativo.

Em que Platão e Aristóteles discordam?

	Platão	Aristóteles
Realidade	Nossa existência (mundo dos sentidos) é uma cópia de outra dimensão – o mundo das ideias, onde tudo é perfeito e imutável.	O mundo das ideias não se confirma. Nossa existência concreta é real e oferece elementos para interpretá-la.
Sentidos humanos	Eles deturpam o mundo das ideias, porque a esfera sensível não é "verdadeira".	São vitais para a compreensão do mundo, da natureza e todos os seres.

Conhecimento	Nascemos com reminiscências do mundo das ideias. Nessa vida, nos cabe relembrar a partir de investigações filosóficas.	Nascemos como folhas em branco e dependemos dos sentidos e do uso da razão para adquirir conhecimentos.

PARA FIXAR NA MEMÓRIA

▶ Aristóteles nasceu em 384 a.C. em Estagira, na Grécia;

▶ Foi educado como membro da aristocracia, já que seu pai era médico da família real da Macedônia;

▶ Aos dezessete anos, foi enviado a Atenas e passou a frequentar a Academia de Platão, de quem se tornou discípulo. Chegou a lecionar na Academia, permanecendo lá por vinte anos;

▶ Foi preceptor de Alexandre, o Grande, o maior líder militar da Antiguidade;

▶ Negou as teorias de Platão e sistematizou o conhecimento em diferentes áreas: biologia, política, metafísica, lógica, astronomia, retórica etc. Foi o primeiro articulador do que hoje chamamos de ciência e também foi pioneiro na classificação de grupos de organismos biológicos. Suas ideias sobre ética e retórica são estudadas até hoje;

▶ Fundou uma escola em Atenas, o Liceu, que rivalizava com a Academia;

▶ Morreu aos 62 anos e, até hoje, é considerado um dos maiores gênios da humanidade.

"

2

CONTEXTO HISTÓRICO

Para descrever como era a Grécia de Aristóteles, é preciso mencionar suas principais influências: Sócrates e Platão. Os dois filósofos que o antecederam experimentaram um período glorioso da civilização grega, quando a literatura, a arquitetura, as artes, as ciências e a filosofia eram muito valorizadas.

A democracia, modelo político da cidade-Estado Atenas[1], também ajudava a conferir esse

---

1   A Grécia Antiga era formada por estados regionais independentes, e cada estado tinha uma cidade que centralizava a vida social, econômica e política dos cidadãos, conhecida como cidade-Estado (em grego, *polis*). Mas essas cidades-Estados não compartilhavam a mesma organização constitucional. Por exemplo, Atenas adotava a democracia, forma de governo que permitia maior participação de pessoas. Já Esparta era uma cidade essencialmente militar, governada por reis.

frescor. Esse modelo igualava direitos e deveres dos cidadãos, além de autorizar a participação de cada um nas decisões políticas tomadas em assembleias.

É importante destacar que só eram considerados cidadãos os filhos de pais atenienses, do sexo masculino, e com mais de trinta anos – ficavam de fora mulheres, jovens, crianças, estrangeiros e escravizados. Ou seja, só 10% da população ostentava status de cidadão.

Progresso político e cultural

Os estudiosos acreditam que esse ambiente de florescimento político e cultural contribuiu bastante para que Sócrates e Platão desenvolvessem suas teorias e testemunhassem a repercussão de suas ideias. Tanto eles quanto Aristóteles fazem parte do chamado período clássico da Grécia Antiga, compreendido entre os séculos cinco e quatro antes de Cristo.

A morte de Aristóteles, em 322 a.C., coincide com o início do período seguinte, o helenismo, caracterizado pela decadência política da Grécia, marcada pelo domínio macedônico e a conquista pelos romanos.

Proximidade com Platão

O convívio com Platão foi decisivo para a construção do pensamento de Aristóteles. Como já foi citado, os dois atuaram juntos na Academia, onde Aristóteles ingressou como aluno e chegou a lecionar.

A diferença de idade entre eles era de 43 anos, por isso Platão o considerava um pupilo e o admirava pela inteligência, disciplina e sagacidade. A forte convivência, no entanto, não impediu que

Aristóteles refutasse, anos depois, as ideias do mestre.

E há quem diga que as divergências filosóficas entre eles podem ser explicadas pelas influências familiares e por suas diferentes personalidades. Platão era considerado um pensador brilhante e intuitivo, ao passo que Aristóteles era erudito e metódico.

Enquanto Platão recorria à matemática para embasar sua teoria abstrata do mundo das ideias, Aristóteles demonstrava uma predileção especial pelas ciências naturais e pelas investigações empíricas, ou seja, práticas.

Talvez o fato de seu pai ter atuado como médico na Macedônia tenha contribuído para essa inclinação.

Após a morte de Platão, Aristóteles passou a dedicar um olhar ainda mais atento à vida selvagem e se diferiu do mestre ao registrar suas ideias. As teorias aristotélicas utilizavam linguagem mais prosaica, tanto para classificar e registrar as diferenças entre espécimes de fauna e flora, quanto para apresentar questões especulativas relacionadas, por exemplo, a virtudes morais.

Platão, pelo contrário, produzia diálogos eloquentes, muitos deles baseados nos anos de convívio com Sócrates, de quem registrou as ideias.

"A maneira mais fácil e mais segura
de vivermos honradamente
consiste em sermos, na realidade,
o que parecemos ser."

Sócrates

Herança de Sócrates

Discípulo de Sócrates, Platão foi o responsável pela preservação do pensamento desse filósofo com quem conviveu por dez anos[2].

Em suas obras, Platão eternizou o mestre, não só com o registro de seus pensamentos, como também com a adoção do método socrático – necessário para o debate de questões morais e políticas. O método socrático, ou dialético, consiste em fazer perguntas por meio de diálogos.

---

2   Platão acompanhou Sócrates nos seus últimos dez anos de vida. Em 399 a.C., Sócrates foi condenado à morte sob a acusação de corromper a juventude ateniense. Seus acusadores alegaram que ele incitava os jovens a desprezar as tradições gregas já que, durante suas aulas, em vez de cultuar deuses, o filósofo propunha discussões sobre ética, virtude e consciência por meio do método dialético. O castigo aplicado foi ingerir um copo de veneno (cicuta). Platão ficou tão indignado com a morte de Sócrates que passou a duvidar da eficiência da democracia.

O interlocutor número 1 se coloca em posição de total ignorância em relação a determinado tema.

Por meio de indagações, esse interlocutor desmonta as certezas do interlocutor número 2, apontando suas contradições e formulando ao lado dele novas indagações e ideias diferentes.

Por que esse método ganhou notoriedade? Porque representou uma revolução na época de Sócrates. Até então, os pensadores não admitiam o desconhecimento de um objeto ou conceito a ser analisado. Em vez disso, desenvolviam teorias sobre temas dos quais se julgavam conhecedores ou partiam de ideias preconcebidas.

Embora Sócrates não tenha deixado escritos nem fundado uma escola de filosofia, seu método, absolutamente revolucionário, transformou-se no eixo da filosofia ocidental e base das ciências empíricas: biologia, química e física. Coube a

Aristóteles apostar na eficiência desse método, considerado indutivo, para traçar as primeiras linhas da lógica.

O conceito de silogismo aristotélico tem como raiz o método socrático, isto é, premissas baseadas em experiências podem se confirmar ou não, gerando uma conclusão que se afirma como verdade universal.

Como é o método dialético?

1. O interlocutor A assume ignorância absoluta sobre determinado assunto.

2. O interlocutor A faz perguntas ao interlocutor B sobre esse assunto.

3. Por meio das perguntas feitas, o interlocutor A expõe as ideias preconcebidas do interlocutor B, além das contradições do seu discurso.

4. O interlocutor B admite suas suposições equivocadas e se propõe a refletir novamente sobre o assunto em foco.

5. Os interlocutores voltam a debater e chegam a novas conclusões.

PARA FIXAR NA MEMÓRIA

▶ Sócrates, Platão e Aristóteles viveram na era de ouro da Grécia Antiga, época de notável florescimento político e cultural. É o chamado período clássico;

▶ Nesse período, as artes, as ciências e a filosofia eram extremamente valorizadas. Como havia muita receptividade a esses campos do saber, Sócrates e Platão encontraram um terreno fértil para disseminar suas ideias;

▶ Aristóteles foi aluno de Platão e professor da Academia, escola de filosofia fundada pelo seu mestre. Embora as ideias platônicas tenham sido importantes para a construção de seu pensamento, Aristóteles discordava de algumas delas;

▶ Platão construiu ideias filosóficas mais abstratas, enquanto Aristóteles valorizou um método de investigação mais prático, a partir de suas observações do mundo selvagem;

▶ Platão foi discípulo de Sócrates e eternizou o legado dele em suas obras, uma vez que Sócrates não deixou escritos;

▶ Aristóteles também recorreu a uma das ideias mais revolucionárias de Sócrates, o método dialético, para formular os princípios da lógica (saiba mais no capítulo 3).

"

3

O PENSAMENTO DE ARISTÓTELES

As doze ideias apresentadas neste capítulo sintetizam a filosofia de Aristóteles. De todas elas, uma das mais debatidas é a visão "natural" do filósofo diante da necessidade de se compreender a realidade.

O ex-pupilo de Platão atribui aos sentidos uma grande importância, já que apenas eles, combinados com nossa capacidade de raciocinar, é que podem interpretar a existência concreta. Em um segundo momento, também é possível usar os sentidos, a razão e as experiências para assimilar conceitos abstratos, como justiça, virtude, beleza e bondade, temas ligados à ética.

As ideias de Aristóteles caminham na contramão da filosofia de Platão, embora ele tenha sido essencial para sua formação intelectual. Aristóteles é considerado o primeiro cientista de todos os tempos e seu legado se manifesta no pensamento ocidental até os dias de hoje. Entenda por quê.

Ideia 1 – Os sentidos explicam tudo

"A verdade está no mundo à nossa volta". Essa frase de Aristóteles esclarece seu pensamento ao inferir que a utilização dos sentidos deve ser priorizada ao se pensar na essência de todas as coisas. É uma ideia que se choca diretamente com a do seu ex-professor Platão.

Platão acreditava que a realidade cotidiana ("mundo dos sentidos") é uma sombra ou cópia de outra dimensão, que ele chama de "mundo das ideias". Esse mundo das ideias comportaria as formas puras de tudo o que existe no nosso dia a dia: plantas, casas, cachorros, além dos conceitos de justiça, liberdade e coragem.

Cópias do mundo das ideias

Para Platão, os objetos físicos com que nos deparamos, como animais ou ferramentas agrícolas, por exemplo, são cópias do mundo das ideias, onde nossas almas estiveram antes de nascer e para onde deverão voltar após a morte. As cópias que fazem parte da nossa realidade, portanto, são imitações distorcidas dessas matrizes reais.

Da mesma forma, quando aplicamos um conceito de justiça na nossa realidade concreta, estamos, na verdade, reproduzindo o ideal de justiça que é imutável e perfeito no mundo das ideias – e não transitório e sujeito a erros como no mundo dos sentidos.

Embora tenha estudado na Academia de Platão e convivido com essa teoria, Aristóteles rompeu com o mestre ao passar a valorizar o mundo dos sentidos. Enquanto Platão considerava o mundo sensível insuficiente para responder às principais perguntas da filosofia, como "de onde viemos" e "qual o sentido da vida", Aristóteles dava total importância aos sentidos humanos e ao uso da razão como intérpretes da realidade. Para ele, as coisas à nossa volta, sejam materiais (como os elementos da natureza) ou imateriais (os valores, por exemplo), não são cópias de outra dimensão, mas sim expressões de suas próprias essências.

A questão da liberdade

Acompanhe este exemplo: para Platão, nossa concepção de liberdade é inexata, já que pode mudar de uma cultura para outra. E por que ela muda? Porque é imperfeita, uma vez que é um reflexo ou um rascunho da verdadeira concepção de liberdade presente no mundo das ideias. Aristóteles não pensava assim: para ele, a concepção de liberdade é algo a ser construído ao longo da vida. À medida que amadurecemos, passamos a observar situações em que a liberdade foi praticada ou respeitada. Essa experiência é o que nos legitima a reconhecer o sentido amplo do termo, e a corrigir suas eventuais distorções. Por isso, o mundo dos sentidos é tão importante.

"Minha Academia compõe-se de duas partes: o corpo dos estudantes e o cérebro de Aristóteles."

Platão sobre Aristóteles, seu aluno mais brilhante

Ideia 2 – Lógica aristotélica

Uma das mais importantes contribuições de Aristóteles para a construção do pensamento no Ocidente foi a criação da lógica. O filósofo não usava esse termo (que só seria empregado pela filosofia mais tarde), mas é sabido que seu método, considerado muito original, ajudou a humanidade a organizar a realidade antes de interpretá-la. O método ainda representou a primeira etapa do processo de aprendizagem e de construção do raciocínio.

Foi na obra Analíticos anteriores que o ex-aluno de Platão introduziu o conceito de silogismo, que pode ser classificado como um tipo de raciocínio. Um silogismo é estruturado da seguinte maneira: em primeiro lugar, duas premissas ou suposições são apresentadas; na sequência, a análise dessas premissas ou suposições gera uma conclusão. Observe o exemplo:

- "Todas as pessoas brasileiras são humanas" é a premissa 1.
- "Todos as pessoas humanas são mortais" é a premissa 2.
- "Todos os brasileiros são mortais" é a conclusão.

É importante ressaltar que o filósofo criou regras para validar a conclusão das premissas. Para conhecer essas regras, é necessário destacar que uma premissa pode ser universal (quando emprega as palavras "todos" ou "nenhum") ou particular (quando utiliza o termo "alguns"), e também afirmativa ou negativa (quando faz uma negação). Confira as regras para a formulação de um silogismo verdadeiro:

- Pelo menos uma das premissas precisa ser universal.

- Pelo menos uma das premissas precisa ser afirmativa.
- Caso uma das premissas seja negativa, a conclusão também será negativa.

As três regras estão contempladas neste exemplo:
- "Nenhum gato é réptil" é a premissa 1, universal e negativa.
- "Cobras são répteis" é a premissa 2, afirmativa.
- "Nenhum gato é cobra" é a conclusão negativa com base na premissa 1.

As três leis

Ainda no universo da lógica, Aristóteles concebeu três leis para organizar o pensamento diante de uma determinada realidade: a lei da identidade, a lei da não contradição e a lei do terceiro excluído. Conheça as três leis:

• **Lei da identidade:** uma flor é uma flor, porque apresenta determinadas características que correspondem à estrutura designada "flor": pétalas, haste etc. Uma flor não pode ser um cavalo, já que as características de ambos diferem. Assim, tudo o que existe no universo carrega uma identidade, isto é, características próprias.

• **Lei da não contradição:** uma coisa não pode corresponder a uma determinada identidade e, ao mesmo tempo, não corresponder. E também: um enunciado não pode afirmar e negar algo. Por exemplo, se uma pessoa disser que foi ao trabalho ontem e, logo em seguida, disser que não foi, surgirá uma contradição. Isso significa que uma afirmação não pode ser afirmativa e negativa simultaneamente.

- **Lei do terceiro excluído:** essa lei estabelece que uma afirmação é verdadeira ou falsa, não havendo, portanto, meio-termo. Se uma pessoa disser que tem olhos castanhos, essa afirmação é verdadeira ou falsa – não haveria possibilidade de meio-termo. Porém, essa lei vem sendo debatida por filósofos e matemáticos[3].

Ideia 3 – Matéria e forma

Como um observador atento do mundo natural, Aristóteles desenvolveu a teoria dos princípios indissociáveis: matéria e forma. Para ele, todos os seres vivos são feitos de matéria e forma. Matéria

---

[3] Os matemáticos modernos refutam a lei do terceiro excluído de Aristóteles. Eles dizem que, nos conjuntos infinitos, essa lei não pode ser aplicada com segurança. Na matemática, conjuntos infinitos são aqueles que possuem um número infinito de elementos, como o conjunto dos números naturais, por exemplo.

é a parte que identifica a particularidade de cada ser, enquanto forma é o elemento comum de todos os seres, ou seja, a essência da qual a matéria é decorrente.

Para entender melhor essa teoria, tome como exemplo os seres humanos. Para Aristóteles, a humanidade compartilha a mesma forma, já que pertence a uma só espécie – a humana. Porém, cada indivíduo apresenta sua própria matéria, já que carrega características que o distinguem dos demais.

Campo dos valores

O binômio matéria e forma também pode ser aplicado a questões morais. Considere, por exemplo, o conceito de justiça.

Para o filósofo, há uma forma universal de justiça, que ele classifica como eterna e imutável, ou seja, imune à passagem do tempo ou a questões culturais. À medida que vivemos e acumulamos experiências, conseguimos reter a matéria desse conceito, isto é, eventos particulares em que nos deparamos com a aplicação da justiça no dia a dia: circunstâncias em que aprendemos o que ela significa, de que maneira foi praticada, se prevaleceu numa determinada situação ou não.

Assim, conforme nos habituamos com a matéria da justiça, ganhamos condições de assimilar a forma da justiça, ou seja, a essência desse conceito, e não apenas as ocorrências cotidianas em que o conceito de justiça foi evocado e utilizado.

Esse processo explica a noção de Aristóteles em relação à formação humana. Ele dizia que, quando nascemos, somos como folhas em branco, dependendo dos sentidos para que essas folhas sejam devidamente preenchidas – por meio de nossas experiências, nossos aprendizados e nossas convicções –, sempre sob à luz da razão.

Contrariando Platão

Platão sustentava a ideia de que o conhecimento nasce com o homem, ou seja, é inato. Como estabelece uma diferença entre mundo das ideias e mundo dos sentidos, o fundador da Academia afirmava que, antes do nascimento, os seres humanos haviam estado no mundo das ideias, onde residem as formas puras de tudo o que existe na realidade concreta, sejam objetos (mesas, casas etc.) ou valores (amor, coragem etc.).

Aristóteles refuta essa possibilidade: para ele, não nascemos com resquícios do mundo das ideias. Somos, ao contrário disso, vazios. Necessitamos, portanto, dos sentidos para que possamos ser preenchidos por nossas experiências, pelas coisas que aprendemos, pelas causas que defendemos etc.

Essa diferença na concepção da construção do conhecimento é um ponto discordante significativo entre Platão e Aristóteles. Platão admitia um conhecimento a priori, isto é, anterior à experiência.

Para Aristóteles, não há conhecimento que anteceda a experiência; apenas os sentidos humanos, combinados com o uso da razão, podem embasar um repertório.

Ao contrário de Platão, para quem os sentidos dificultam a aquisição de conhecimentos, Aristóteles valoriza o conjunto de percepções humanas.

Por sinal, a valorização dos sentidos é a base da epistemologia aristotélica: a teoria do conhecimento difundida por Aristóteles.

O conhecimento é inato?

> **Platão afirma que sim.** Trazemos resquícios do conhecimento que pulsam no mundo das ideias, onde nossas almas estiveram antes do nascimento e para onde deverão regressar após a morte.

> **Aristóteles reforça que não.** O conhecimento é adquirido à medida que acumulamos experiências, que são registradas pelos sentidos. A única coisa inata é a capacidade de usar a razão.

Ideia 4 – Teoria do conhecimento

A teoria do conhecimento de Aristóteles deriva de um processo sistemático de absorção de informações. O filósofo enfatiza que as impressões colhidas pelos sentidos servem para alimentar nossa memória. Ao registrar essas impressões, passamos a confrontá-las com o conteúdo armazenado anteriormente.

É dessa relação entre o que aprendemos com o que comparamos com o nosso repertório que nascem as experiências. Com as experiências incorporadas, passamos a formular conceitos, que vão se consolidando à medida que as impressões fornecidas pelos sentidos se repetem. Quando essas repetições se tornam mais frequentes, chegamos a conclusões e projetamos o futuro.

Na sequência, assimilamos as técnicas. Assimilar uma técnica consiste na habilidade de responder por que determinada coisa existe e como opera. Ao dominar esse processo, conseguimos realizar tarefas para chegar a resultados previamente traçados. Também temos condições de ensinar esse processo a terceiros. O último passo é chamado de "episteme" ("ciência", "conhecimento"), ou seja, o conhecimento amplo do mundo e da natureza.

"Todos os homens têm, por natureza, o desejo de conhecer."

Aristóteles

> **O que é a Técnica Aristotélica?** É a capacidade de identificar cada coisa existente no mundo e definir como ela funciona. A técnica favorece a repetição de resultados e pode ser ensinada.

> **O que é Episteme Aristotélica?** É o conhecimento profundo das leis da natureza e do sentido do universo. É a última etapa do conhecimento e tem como propósito saciar a natural curiosidade humana.

Ideia 5 – As quatro causas

Foi apresentada a teoria aristotélica dos princípios indissociáveis: matéria (características particulares de seres vivos, coisas e valores) e forma (características essenciais de seres vivos, coisas e valores). É preciso ressaltar que a ideia de forma concebida pelo filósofo não se limita a características aparentes, ou seja, um conjunto de elementos que distingue, por exemplo, um pássaro com asas de um peixe com escamas. A forma aristotélica também pode ser definida pela maneira como um ser vivo se comporta, e isso se aproxima de um campo de estudo que foi bastante investigado pelo pensador grego: a ética.

Escultura em foco

Mas o que uma coisa tem a ver com a outra? Para responder a isso, é necessário mencionar uma importante ferramenta intelectual utilizada por Aristóteles para compreender o mundo à sua volta: a teoria das quatro causas. Ele defende que a existência de qualquer coisa no universo pode ser compreendida pelas quatro causas explicativas: causa material, formal, eficaz e final.

Imagine que uma pessoa tem interesse em compreender o que é uma escultura presente na casa de alguém. A teoria das quatro causas daria conta desse questionamento. Assim:

• **Causa material** – É uma escultura, porque é feita de mármore. E mármore é um tipo de material do qual as esculturas são feitas, assim como bronze, argila, madeira... Essa causa examina a matéria.

• **Causa formal** – Com certeza é uma escultura, porque reproduz a silhueta de uma mulher, e esculturas de figuras femininas são usuais. Essa causa analisa a forma (no sentido de essência) do objeto.

- **Causa eficaz** – É realmente uma escultura, porque foi concebida por um artista especializado em produção de formas plásticas com volumes e relevos: um escultor.

A causa eficaz determina como algo é levado a existir.

- **Causa final** – De fato, é uma escultura, porque está decorando a casa de uma pessoa, e é essa a função das esculturas: enfeitar ou impactar a vida de alguém com arte, beleza e sensibilidade. A causa final determina o propósito de algo.

A causa final, quarta causa dessa teoria aristotélica, é a que está conectada com a questão ética, uma vez que a finalidade de algo carrega valores como "bom/bem" e "mau/mal".

Assim, a causa final de uma pessoa que vive em sociedade será considerada positiva se essa pessoa cumprir objetivos que a aproximarem da virtude moral – para Aristóteles, trata-se do nível mais elevado de sabedoria.

"O bem, para o homem, vem a ser o exercício ativo das faculdades da alma em conformidade com a excelência."

Aristóteles

Ideia 6 – Virtudes morais

O surgimento da filosofia se dá num momento em que a humanidade deixa de confiar nas narrativas mitológicas e passa a valorizar as argumentações racionais ao tentar explicar o mundo, a natureza e as relações humanas.

É uma transição gradual entre o mito e o *logos*, termo grego que significa "razão", "conhecimento".

O primeiro filósofo que desponta nessa transição é Tales de Mileto, que viveu entre oito e sete séculos antes de Cristo e fundou um centro de ensino – a Escola de Mileto.

A principal contribuição de Tales de Mileto à filosofia foi atribuir aos acontecimentos causas naturais e racionais, e não intervenções sobrenaturais.

É considerado um filósofo pré-socrático, ou seja, anterior a Sócrates (469 - 399 a.C.). Sócrates, por sua vez, foi o mentor de Platão, que atuou como professor de Aristóteles. Conhecer a relação entre esses filósofos elucida a maneira como Aristóteles enxerga as virtudes morais.

Natureza humana

Sócrates defendia uma interrelação entre princípios morais e natureza humana. Ele reforçou nos diálogos do seu discípulo uma identificação entre virtude e sabedoria, e vício e ignorância. Isso significa que tanto Platão quanto Sócrates confiavam na possibilidade de que as virtudes morais poderiam ser aprendidas, desenvolvidas.

Assim, nas obras de Platão, destaca-se a ideia de que somente a pessoa que possui sabedoria pode exercer virtudes morais: o filósofo. Sábio e detentor da justiça, o filósofo seria o único membro de uma sociedade em condições de governar uma nação e disseminar, entre seus governados, princípios morais associados ao "bem".

Ser feliz

Por ser herdeiro das ideias de Platão e Sócrates, Aristóteles aprofunda esse debate, mas salienta que a verdadeira aspiração humana é a conquista da felicidade.

Coleção Saberes

Na visão de Aristóteles, ser feliz não significa ser rico nem levar uma vida prazerosa e repleta de luxos, mas sim poder se dedicar à contemplação filosófica a partir do uso irrestrito da razão.

Um sujeito em sua felicidade total, segundo o conceito do pensador, seria alguém consciente das suas virtudes morais. E como é possível alcançar essas virtudes? Por meio da própria atividade reflexiva, da prática da sabedoria e do controle dos desejos.

Ideia 7 – O que é felicidade?

Nas páginas anteriores, foi apontado como Aristóteles relaciona a felicidade às virtudes morais.

Em sua obra *Ética*, ele sublinha que o objetivo da ética é desvendar o sentido da vida. E qual seria esse sentido? Para Aristóteles, ser feliz.

De acordo com o ex-aluno de Platão, a felicidade é o bem supremo e um propósito perseguido por toda a humanidade.

E como atingir a felicidade? Através das virtudes. O filósofo pontua que as virtudes exigem uma conduta que combina escolha e hábito. Assim, a escolha pelas virtudes pede um comportamento equilibrado, um meio-termo entre duas reações: a total indiferença e a extrema gentileza.

Dessa forma, quando um homem virtuoso se relaciona, por exemplo, com outra pessoa, ele não deve se revelar frio nem distante.

Por outro lado, também não pode demonstrar atenção excessiva a ponto de parecer servil. O comportamento ideal é a amabilidade, ou seja, uma maneira cortês de agir, sem derrapar na subserviência. É importante que esse comportamento vire uma rotina.

> "Toda arte e toda indagação,
> assim como toda ação e todo propósito,
> visam a algum bem. Por isso, foi dito,
> acertadamente, que o bem é aquilo
> a que todas as coisas visam."
>
> **Aristóteles**

Contemplação intelectual

Além disso, a felicidade pede contemplação intelectual, salienta Aristóteles. O sujeito feliz é aquele que faz da atividade filosófica um hábito e age sob a luz da razão, ou seja, livre de paixões, instintos e desejos. A possibilidade de empregar a racionalidade, aliás, é o que diferencia a espécie humana dos animais.

Embora nasçamos como folhas em branco, segundo Aristóteles, a chance de usar a razão é uma característica inata da humanidade.

O segredo da felicidade

> O objetivo da ética é descobrir o propósito da vida.

↓

> O propósito da vida é ser feliz.

↓

> Para ser feliz, é preciso viver de maneira virtuosa.

"A felicidade é o melhor,
mais belo e mais
agradável dos bens."

Aristóteles

Ideia 8 – Metafísica aristotélica

Aristóteles descreveu suas ideias sobre metafísica[4] em catorze livros, que mais tarde foram agrupados. Mas, antes de sintetizar essas ideias, é preciso esclarecer o conceito de metafísica à luz da filosofia.

Metafísica é uma parte da filosofia que estuda o ser enquanto ser, independentemente de suas atribuições particulares. Também cabe à metafísica investigar o que ou quem gerou o mundo, a vida e todos os seres vivos. Os temas mais abordados por esse ramo da filosofia são a possibilidade de

---

4   Aristóteles chamava a metafísica de "filosofia primeira". O termo "metafísica" surgiu apenas um século antes do nascimento de Cristo, quando o filósofo Andrônico de Rodes, organizador da obra de Aristóteles, colocou "filosofia primeira" depois das obras de física, designando o material assim: "metafísica", isto é, "depois" ou "além da física". A atitude não intencional de Rodes acabou ganhando sentido, já que a metafísica explora assuntos que transcendem a física e o mundo dos sentidos.

existência de uma entidade criadora (Deus) da alma humana, além da essência e do sentido do universo.

Para Aristóteles, a metafísica era um ramo do conhecimento primordial por oferecer às demais ciências fundamentos comuns e princípios dos quais elas dependem.

Por exemplo, um psicólogo é o profissional dedicado a estudar o comportamento do ser humano, enquanto o biólogo se ocupa do organismo desse ser humano. A metafísica não se debruça sobre essas manifestações particulares, já que sua indagação, nesse caso, é mais elevada: a razão da existência desse ser.

Corpo e alma

Ao contrário de Platão, que situava a metafísica no mundo das ideias, considerando o mundo dos sentidos passível de distorções, Aristóteles defende uma conexão entre esses dois mundos. Ele diz que a alma é a forma do corpo, ou seja, sua essência.

O corpo, que para Platão era inferior à alma, não é visto assim por Aristóteles, para quem a alma é o elemento que confere unidade e sentido ao corpo, sem que um seja mais ou menos importante do que o outro.

Ato e potência

O filósofo ainda tratou das transformações das coisas à nossa volta nos seus estudos sobre metafísica. Para explicá-las, concebeu os conceitos de ato e potência. Imagine uma semente de maçã.

No interior dessa semente, pulsa uma potência, ou seja, a possibilidade de vir a ser uma macieira. Ato, por sua vez, é a realização da potência, ou seja, a própria macieira. E mais: é preciso considerar que a semente de maçã nasceu de algo que já era ato, ou seja, outra macieira.

Ao engendrar essa teoria, Aristóteles aplica o conceito de ato e potência a um criador do universo: Deus. Mas ele não enxerga Deus como potência, porque não haveria uma entidade superior a Deus. Assim, designa Deus como "ato puro" ou "primeiro motor imóvel", responsável pela existência do mundo, do cosmos e de todos os seres.

Ideia 9 – A esfera política

"O homem é, por natureza, um animal político". Essa conhecida frase de Aristóteles leva muita gente a pensar que todas as pessoas nascem com uma predisposição natural para participar da vida política. Mas não é bem assim. O que o filósofo quer dizer, na verdade, é que os seres humanos têm uma tendência natural ao modelo gregário de organização social, ou seja, formam famílias, que constituem vilarejos, que se transformam em cidades.

O termo "político" vem do grego *polis*, que significa "cidade". Desse modo, a frase do filósofo pode ser interpretada assim: o homem tem uma vocação natural para a coletividade, para a vida ao lado de seus pares.

Essa aptidão social do homem é vista por Aristóteles como um fenômeno natural, e não algo artificial ou construído pela humanidade como costumava ser compreendido até então. Uma vez que o filósofo declara que tudo o que existe na natureza carrega um propósito, cada ser humano tem como meta levar uma vida digna, ou seja, pontuada por virtudes como bondade, liberdade e justiça.

Assim, o propósito da cidade é permitir que essas virtudes sejam exercidas no dia a dia. E como conseguir isso? Por meio de um governo que estimule as vidas virtuosas e a autorrealização de seus governados.

O conceito de politeia

Aristóteles tinha uma predileção especial por classificações, sejam de animais, espécies vegetais e até modelos de governo. Por isso, ele identificou seis modelos de governo na Grécia Antiga, elegendo aquele que melhor poderia favorecer a vida digna de seus cidadãos: a politeia.

Esse modelo prevê que um grande grupo de pessoas governe para todos. A politeia seria uma forma superior de democracia, que, para o filósofo, não contemplaria as particularidades de cada indivíduo.

Os seis governos de Aristóteles

	Governo verdadeiro	Governo corrupto
Uma só pessoa governa	**Monarquia** É possível que uma só pessoa (o monarca) atenda a interesses coletivos.	**Tirania** Um monarca que só pensa em si mesmo não serve para governar. É a deturpação da monarquia.
Um grupo de pessoas selecionadas governa	**Aristocracia** Aristocratas (no sentido grego, pessoas que se destacam pela excelência em tudo o que fazem) pensam no todo.	**Oligarquia** Mesmo um grupo seleto pode focar apenas interesses próprios, distorcendo a aristocracia.

	Politeia	
Um grande grupo de pessoas governa	O governo não fica nas mãos de poucos, e os interesses dos cidadãos são considerados. É o melhor modelo de governo.	**Democracia** Governantes em maior número podem desrespeitar as particularidades dos cidadãos.

"A base de um estado democrático é a liberdade."

Aristóteles

Ideia 10 – A importância da afinidade

Nas páginas anteriores, o pensamento de Aristóteles em relação à política foi apresentado, destacando-se a politeia como a forma de governo mais sintonizada com a visão aristotélica de cidade ideal. Mas o ex-aluno de Platão levanta outro aspecto fundamental para a conquista desse ideal: a prática da justiça associada à amizade – em grego, *philia*[5].

Embora o termo "amizade" seja a tradução mais comum de *philia*, esse conceito é mais abrangente quando se pensa em política aristotélica. *Philia* seria, assim, uma afinidade real entre pessoas que partilham ideias e interesses. Para Aristóteles, a amizade ou afinidade entre os cidadãos jamais deve se separar dos princípios da justiça. Ele entende que tanto afinidade/amizade quanto justiça são virtudes que se complementam e garantem estabilidade social e política a uma cidade.

---

5   Filosofia é um termo que emprega a palavra grega *philia*. Ao se juntar a *sophia*, que quer dizer "sabedoria", designa a afinidade ou a amizade que se tem pela sabedoria.

Os cidadãos atenienses

Só eram considerados cidadãos os homens acima de trinta anos, cujos pais tivessem nascido em Atenas. Apenas eles podiam emitir opiniões em assembleias ou contar com recursos protetivos das leis. Essas exigências excluíam, assim, mulheres, escravizados, jovens, crianças e estrangeiros.

Também estavam fora da designação de cidadania artesãos, comerciantes e trabalhadores braçais. E por quê? Por dois motivos: o trabalho manual era visto como uma atividade inferior na Grécia Antiga, e esses trabalhadores não teriam tempo para se dedicar ao governo nem intelecto ou sensibilidade para desenvolver virtudes.

Posição polêmica

A visão de cidadão endossada por Aristóteles abre caminho para uma posição ainda mais polêmica: a maneira como ele justifica a existência de escravos. O filósofo afirma que os homens livres não devem ser escravizados, mas o mesmo não se pode dizer dos "bárbaros" ou "não gregos". Sob a ótica aristotélica, esses "bárbaros" poderiam viver sob o comando de um cidadão, já que eles apresentariam uma disposição natural para a escravidão a que eram submetidos.

Na época de Aristóteles, os escravos realizavam diversas atividades domésticas, comerciais e ligadas à manufatura – e sempre em condições precárias.

Ideia 11 – Concepção estética

Sabe-se que o conceito de belo é uma construção social, ou seja, cada cultura e sociedade, em suas determinadas épocas, defendem seus próprios padrões de beleza. Da mesma forma, as manifestações artísticas podem variar ao longo da história. O que há em comum entre essas manifestações? Cada uma carrega uma concepção estética, capaz de traduzir as relações entre a arte e as pessoas, e também determinar as funções da arte.

Na Grécia Antiga, o que predominava era o naturalismo, uma atitude artística que pretendia reproduzir a realidade. Assim, um bom artista era capaz de assinar obras de arte[6] que se parecessem, de fato, com a realidade, e não simplesmente que a representassem.

---

6   Na Grécia Antiga, obras de arte não tinham as funções que têm hoje, como proporcionar uma experiência estética ou permitir que o mundo seja interpretado por meio dos sentimentos. Elas estavam integradas ao dia a dia das pessoas, e podiam ser identificadas entre utensílios domésticos (vasos, copos) ou construções (templos). O artífice que produzia a obra de arte também não ostentava status de artista como hoje: ele era um trabalhador manual, função considerada inferior na hierarquia grega.

Porém, a mera semelhança com a realidade, da forma como era praticada no Egito, por exemplo, não era suficiente para os gregos. Eles queriam aprimorar as inspirações reais, de modo que o resultado pudesse ficar ainda mais belo do que o objeto retratado, uma tendência conhecida como "idealismo". Um dos exemplos dessa concepção estética está no Museu do Louvre, em Paris. É a *Vitória de Samotrácia*, escultura que representa uma deusa grega alada: Nike ou Nice.

Considerada uma das mais importantes obras de arte de todos os tempos, a imagem usa vestes transparentes agitadas por uma representação do vento.

Conceito aristotélico

Aristóteles considera objetos de arte todos os ofícios manuais, seja uma horta cultivada por um agricultor ou uma peça de bronze elaborada por um escultor. Ele se refere à arte como "poiésis", ou seja, "uma criação a partir do nada". Esse conceito aristotélico de arte se iguala ao de Platão. Para Platão, a finalidade da arte é representar a realidade, uma ação que pode ser compreendida como *mímesis*, termo grego que quer dizer "imitação" — em português, "mimese" é um substantivo feminino que significa imitação.

Mas "imitação" não traduz com rigor o conceito de *mímesis*, ainda que o dicionário estabeleça essa relação. *Mímesis*, na verdade, é uma tentativa de captação do real ou apropriação da essência, e não apenas uma cópia do real. Assim, há mais significado na *mímesis* do que na "imitação", já que a *mímesis* se compromete a penetrar na realidade e desvendar suas nuances ao público que aprecia o objeto de arte.

Arte contemplada

E como Aristóteles enxerga a contemplação da arte? Segundo o filósofo, o ato de apreciar uma obra de arte significa reconhecer o talento do artífice ao tentar fazer uma representação de um objeto real.

Ele também menciona o prazer intelectual que a apreciação de uma obra de arte é capaz de provocar no íntimo do observador.

"É incontestável que a música
exerce um poder moral.
E, se ela pode ter essa influência,
é também evidente que se deve
a ela recorrer, ensinando-a
aos jovens."

Aristóteles

Arte grega

Na Grécia Antiga, a arte não é algo à parte. Ela está presente na vida das pessoas: em vasos ou na arquitetura dos templos.

↓

A abordagem artística predominante é o naturalismo, que busca reproduzir a realidade.

↓

Os artífices gregos enveredam para o idealismo, corrente do naturalismo que procura aprimorar os objetos retratados, enfatizar o belo, aperfeiçoar o real.

↓

Para Aristóteles, a arte deve absorver a essência da realidade (*mímesis*). E cabe ao observador contemplar o talento do artífice.

Ideia 12 – Psique humana

Na apresentação do conceito aristotélico de metafísica, foi destacada a concepção do filósofo sobre corpo e alma.

Ao contrário de Platão, para quem acredita que o corpo é inferior à alma, Aristóteles observa uma total conexão entre essas duas entidades. Ele reforça que a alma é a forma do corpo, ou seja, a alma é sua essência, seu princípio inteligível. Aristóteles também salienta que esse princípio inteligível está presente em todos os seres, inclusive em animais e plantas.

Alma já foi entendida como a dimensão sobrenatural do ser humano. Essa leitura do termo interessou a religiões como cristianismo e islamismo, que se apropriaram do legado de Platão e Aristóteles para legitimar suas doutrinas, ainda na Idade Média.

Mas, no sentido aristotélico, alma tem mais relação com a psique, ou seja, com a mente humana. Por isso, Aristóteles é muito enfático ao sustentar que, enquanto houver vida, a psique não se separa do corpo, isto é, da sua contraparte física.

Na hora da morte, porém, corpo e alma perecem. É uma visão oposta à de Platão, para quem a alma ou psique é imortal.

Natureza investigativa

Ao reforçar que a psique desaparece com a morte do corpo físico, Aristóteles revela um aspecto primordial do seu temperamento: sua natureza investigativa, além de sua expressa inclinação ao estudo das leis orgânicas que regem os seres vivos – a biologia. Assim, uma vez que psique e corpo se conectam na experiência da existência, um não pode se desligar do outro, já que o corpo é a manifestação da psique. Da mesma forma, compara ele, a visão sem o olho não tem nenhum sentido, pois o que permite que a visão seja identificada como tal é a parte do corpo humano com a qual se relaciona e na qual se manifesta: o olho.

Caminho da psicologia

Os estudos da psique humana desenvolvidos por Aristóteles representam um caminho para a disciplina que viria a ser chamada mais tarde de psicologia.

Os especialistas em filosofia grega reiteram que ele foi um dos primeiros filósofos a traçar elementos da psicopatologia ao destacar que confusões entre memória e imaginação poderiam causar desequilíbrios emocionais.

"Se não podemos encontrar ninguém mais com quem argumentar, argumentemos com nós mesmos."

Aristóteles

PARA FIXAR NA MEMÓRIA

▶ **Os sentidos explicam tudo:**
Para o pensador Aristóteles, quando combinados com a razão, os sentidos humanos são capazes de interpretar a realidade. É uma ideia que invalida totalmente a teoria platônica do "mundo das ideias" em contraposição ao "mundo dos sentidos". Platão defendia a ideia de que a realidade cotidiana (mundo dos sentidos) nada mais é do que uma sombra ou cópia de uma dimensão superior (mundo das ideias);

▶ **Lógica aristotélica:**
Foi Aristóteles quem criou a lógica, introduzindo um tipo de raciocínio conhecido como silogismo. Um silogismo é assim estruturado: duas premissas ou suposições são apresentadas, gerando uma conclusão:
- "Todo homem é mortal" (premissa 1)
- "João é homem" (premissa 2)
- "Logo, João é mortal" (conclusão);

▶ **Matéria e forma:**
Tudo o que existe no universo é fruto de princípios indissociáveis: matéria e forma. Matéria é a parte particular de cada coisa, ser vivo ou valor. Forma é a essência, o elemento comum de coisas, seres vivos ou valores. A humanidade compartilha a mesma forma, mas cada ser humano apresenta uma matéria distinta (particularidades);

▶ **Teoria do conhecimento:**

Para as pessoas obterem conhecimentos, precisam recolher impressões da realidade concreta com a ajuda dos sentidos. É exatamente isso que alimenta a memória e permite que façamos comparações. Comparações geram aprendizados e conceitos, que ganham consistência à medida que as experiências se repetem. São as repetições que produzem conclusões, favorecendo a criação de técnicas e a detenção de conhecimentos amplos do mundo e da natureza;

▶ **As quatro causas:**

De acordo com a maneira de pensar de Aristóteles, tudo o que existe no universo pode ser explicado à luz da teoria das quatro causas. Para isso, é necessário examinar a matéria de algo, ou seja, suas particularidades (causa material), sua essência (causa formal), o processo que permite sua existência (causa eficaz) e seu propósito (causa final);

▶ **Virtudes morais:**

Uma pessoa consciente de suas virtudes morais pode ser considerada uma pessoa feliz. Isso quer dizer que a felicidade não está ligada à riqueza nem a prazeres físicos. Uma pessoa virtuosa conquista a felicidade ao se dedicar à contemplação filosófica, ao uso da sabedoria e ao controle das paixões e dos desejos por meio da razão;

▶ **Felicidade:**

Já que o objetivo da ética é desvendar o sentido da vida, conclui-se que o sentido da vida é ser feliz, já que essa é a aspiração primordial de toda a humanidade. Aristóteles considera a felicidade "um bem supremo";

▶ **Metafísica:**
O estudo do ser enquanto ser e de temas que ultrapassam as leis da física é um ramo elevado do conhecimento, já que não se concentra em particularidades, mas sim em questionamentos mais amplos, como, por exemplo, o sentido da existência. "No aristotelismo, subdivisão fundamental da filosofia, a metafísica é caracterizada pela investigação das realidades que transcendem a experiência sensível, capaz de fornecer um fundamento a todas as ciências particulares, por meio da reflexão a respeito da natureza primacial do ser; filosofia primeira", segundo consta no dicionário Oxford;

▶ **Política:**
O governo ideal é aquele que permite que seus cidadãos levem uma vida digna, ou seja, pautada por virtudes morais, como bondade,

liberdade e justiça. O modelo de governo defendido por Aristóteles é a politeia – sistema em que um grande número de pessoas governa para todos;

▶ **Afinidade ou amizade:**

Politeia é um termo que teve origem na Grécia Antiga para fazer referência às cidades-Estado que tinham uma assembleia formada por cidadãos. A politeia é o modelo de governo que poderia gerar uma cidade ideal, mas há outra necessidade para a conquista desse ideal: a afinidade ou amizade que precisa prevalecer entre os cidadãos. Na cidade ideal aristotélica, os cidadãos compartilham ideias e interesses, praticando a chamada *philia* (que siginifica afinidade ou amizade). Justiça e *philia* devem caminhar juntas para a cidade desfrutar de estabilidade social e política;

▶ Concepção estética:

Aristóteles se refere à arte como "poiésis", ou seja, "uma criação ou produção a partir do nada". Ele considera objetos de arte todos os ofícios manuais, sejam de um agricultor ou de um escultor. Para o filósofo, a arte deve representar a realidade, um conceito grego conhecido como *mímesis*, que, embora seja traduzido como "imitação" da realidade, vai além disso, significando, na verdade, uma captação ou apropriação do real. É uma ideia anteriormente defendida por Platão;

▶ Psique humana:

Na concepção de Aristóteles, a alma pode ser compreendida como psique ou mente humana. Ao contrário de Platão, que a dissociava do corpo físico e a julgava superior, Aristóteles conecta essas duas entidades. Para ele, a psique, ou alma, não pode ser analisada isoladamente em relação ao corpo, já que ela se manifesta por meio dele e representa sua forma (essência). Assim, quando o corpo morre, a psique morre também.

4

CONTROVÉRSIAS E CRÍTICAS

É claro que, por ter vivido há mais de 2.400 anos, Aristóteles teve suas ideias questionadas por cientistas e pensadores posteriores a ele. O filósofo grego dizia que a Terra é o centro do universo. Essa teoria é conhecida como geocentrismo e se baseia na cosmologia de Eudoxo (400 – 347 a.C.), um dos discípulos de Platão.

Embora na Grécia Antiga já tivesse sido sugerido outro modelo de funcionamento cosmológico (mas que não chegou a ser aceito), o geocentrismo foi definitivamente derrubado pelo astrônomo e matemático polonês Nicolau Copérnico (1473 – 1543), defensor do heliocentrismo: a teoria que estabelece o Sol no centro do universo. O heliocentrismo foi endossado pelo físico e matemático italiano Galileu Galilei (1564 – 1642), considerado o pai da ciência moderna. Galileu sofreu perseguição da Igreja por conta da heresia que representava a defesa dessa teoria e acabou condenado à prisão domiciliar até o fim de sua vida.

Mas os erros de Aristóteles não se resumem ao geocentrismo. Ele também faz afirmações equivocadas em relação a mulheres, por exemplo. Em suas obras, diz que elas são imaturas, deficientes e incapazes de participar da vida política, já que nem são consideradas cidadãs. Também salienta que o sexo feminino apresenta uma constituição física inferior à do masculino.

O homem, aliás, é uma figura mais importante no processo de reprodução do que a mulher, de acordo com o filósofo. É importante ressaltar que a sociedade ateniense daquela época era essencialmente patriarcal, o que ajuda a explicar a posição sexista (discriminatória em relação a um gênero sexual) de Aristóteles.

Ciência e filosofia

Esses são apenas dois exemplos da visão deturpada do pensador em relação à ciência e à vida em sociedade, um tema caro para a filosofia. Cabe destacar que, na Grécia Antiga, ciência e filosofia faziam parte de um único campo de estudos. Somente no século XVII, com o renascimento científico[7], é que esses campos se dividiram em busca de métodos distintos.

---

[7] Renascimento científico foi um movimento de avanço da ciência que se articulou após a Renascença (movimento de renascimento cultural da Europa entre os séculos XV e XVI). O renascimento científico estabelece a razão como única fonte confiável de conhecimento (racionalismo), transformando a forma de enxergar o mundo e plantando as sementes da ciência moderna. O movimento teve como principais nomes Galileu Galilei, Isaac Newton, Francis Bacon e René Descartes.

> "A sabedoria deve ser uma combinação da inteligência com o conhecimento."
>
> **Aristóteles**

Racionalistas e empiristas

Outra controvérsia é em relação à concepção de Platão sobre o mundo das ideias como uma dimensão real da existência, que é refutada por Aristóteles, conforme já explicado. As visões opostas desses dois filósofos tiveram um efeito significativo em relação à teoria do conhecimento e inspiraram pensadores, provocando, séculos mais tarde, o surgimento de duas correntes filosóficas: o racionalismo e o empirismo.

Racionalistas, como René Descartes (1596 – 1650) e Immanuel Kant (1724 – 1804), concordam com a ideia platônica de que já nascemos com conhecimentos inatos, que podem emergir para a consciência à medida que a razão é desenvolvida. Descartes é considerado o pai da filosofia moderna e foi ele quem conferiu certezas matemáticas à filosofia a partir de fundamentos racionais. Já Kant dividiu o conhecimento em duas partes: as evidências empíricas e as informações inatas que carregamos desde o nascimento.

A corrente contrária é a dos empiristas, como John Locke (1632 — 1704) e David Hume (1711 — 1776). Eles concordam com a ideia aristotélica de que somos como folhas em branco no nascimento, dependendo das experiências para abastecer nossa bagagem até conquistarmos o conhecimento verdadeiro de todas as coisas. Embora refutasse a teoria do conhecimento a priori, Locke admitia capacidades inatas, como o raciocínio. Para Hume, o que nos aproxima do conhecimento são nossas crenças e nossos hábitos, e não exatamente a razão.

Coleção Saberes

Duas correntes

Racionalistas:	Empiristas:
Platão disse que nascemos com conhecimentos inatos. A razão contribui para que consigamos rememorar essas ideias. Descartes e Kant pertencem a essa corrente.	Segundo Aristóteles, nascemos sem lembranças. O que nos ajuda a construir conhecimentos são os sentidos associados à razão. Locke e Hume pertencem a essa corrente.

Homem em foco

Além de ir na contramão ao pensamento de Aristóteles, as ideias de Copérnico e Galileu sobre cosmologia ajudam a compreender o surgimento de uma nova atmosfera filosófica que se sucedeu à Renascença. Nessa nova atmosfera, o homem está no centro do universo, e não mais Deus: é o racionalismo do século XVII.

É necessário destacar que a filosofia da Grécia Antiga havia sido reinterpretada pelos filósofos medievais, sobretudo Santo Agostinho (354 - 430). Coube a ele fundir as ideias platônicas com o cristianismo, dando origem à escolástica, uma abordagem filosófica medieval interessada em estabelecer uma justificativa racional para a crença em Deus e para a imortalidade da alma. São Tomás de Aquino (1225 - 1274) também contribuiu para difundir esse pensamento ao tentar conciliar a Bíblia e a razão por meio do legado aristotélico.

Sob as óticas racionalista e empirista, Aristóteles acabou perdendo espaço. Embora racionalistas e empiristas tivessem divergências, ambos concordavam em um ponto: o ser humano deveria ser a fonte primordial da investigação filosófica, e não mais um poder superior (Deus), como propunha a escolástica. Seja pelo uso da razão ou pelo acúmulo de experiências, as duas correntes acreditavam que o ser humano é quem alcançaria o conhecimento e, portanto, é quem deveria estar no alvo dos estudos. Naquele momento (1500 – 1750), questões como a natureza do universo passaram a interessar menos do que a natureza da mente humana.

Domínio da razão

Essa nova investigação filosófica centrada no homem já havia abalado a Igreja Católica durante a Renascença, período em que a autoridade religiosa foi colocada em dúvida. Com o crescimento do racionalismo, a aristocracia e a monarquia também sofreram um abalo: e se essa nova mentalidade filosófica questionasse o poder político exercido até então? O racionalismo, aliás, é a principal semente do iluminismo, movimento que se espalhou na Europa do século XVIII, defendendo o pensamento autônomo, a importância da ciência e o fim das crenças irracionais.

"Aquele que chega a conhecer as coisas mais árduas e que apresenta grande dificuldade para o conhecimento humano, este é um filósofo. Além disso, aquele que conhece com maior exatidão as causas e é mais capaz de ensiná-las é, em todas as espécies de ciências, um filósofo."

Aristóteles

PARA FIXAR NA MEMÓRIA

▶ Uma das principais críticas a Aristóteles é sua defesa do geocentrismo (a teoria que sustenta que a Terra está no centro do universo). Ele foi desmentido pelos cientistas Nicolau Copérnico e Galileu Galilei, defensores do heliocentrismo, que coloca o Sol na posição central;

▶ Racionalistas, como René Descartes e Immanuel Kant, endossam a ideia platônica de que já nascemos com conhecimentos inatos. Empiristas, como John Locke e David Hume, são partidários de Aristóteles: somos folhas em branco no nascimento e dependemos de experiências para acumular repertório;

▶ Tanto entre racionalistas como empiristas, as ideias de Aristóteles foram questionadas. Eles defendiam uma investigação filosófica sobre a natureza humana, e não mais sobre um poder superior (Deus), como propunha a escolástica — essa filosofia medieval tentava "racionalizar" a crença em Deus e na imortalidade da alma, com base nos legados de Platão e Aristóteles.

5

LEGADO

Os ensinamentos de Aristóteles foram preservados durante a Idade Média[8] por obra de São Tomás de Aquino (1225 - 1274), pensador italiano, professor de teologia na Universidade de Paris (França) e um dos mais conhecidos filósofos medievais cristãos.

Naquela época, a visão da Igreja Católica era soberana, por isso uma das ideias de Aristóteles, a de que o universo sempre existiu, contrariava

---

8   A Idade Média foi um período histórico entre os séculos V (com a queda do Império Romano no Ocidente, em 476) e XV (com a tomada de Constantinopla pelos turco-otomanos, em 1453). Foi uma era marcada pelo poder absoluto da Igreja Católica e pelo sistema feudal (organização social e política baseada nas relações entre nobres e servos).

um dos mais difundidos fundamentos cristãos: o de que Deus é o criador do universo.

Aquino conseguiu conciliar essas contradições ao propor que Deus, de fato, havia criado o universo, mas fizera algo mais: atribuíra infinitude a esse universo.

Com essa linha de pensamento, Aquino conseguiu realizar uma dupla façanha: sustentar o dogma religioso e, ao mesmo tempo, concordar com Aristóteles.

Permitir que razão e fé caminhassem juntas foi o principal intento de Aquino, declarado santo pela Igreja no século XIV. Sua obra máxima, Suma Teológica, tenta estabelecer as provas da existência de Deus, uma vez que a fé dissociada da razão não interessava aos filósofos cristãos.

O objetivo deles era imprimir um sentido racional ao ato de crer, de modo que a filosofia pudesse servir como uma espécie de instrumento da teologia. Essa especulação filosófico-teológica é chamada de escolástica e surgiu na Europa no século IX.

Da Idade Média para a Era Moderna

O pensamento de Aristóteles, com ênfase na ciência e na filosofia, influenciou a mentalidade medieval por muitos anos.

No século XIII, porém, ocorre um progressivo declínio dessa influência. As cidades haviam crescido; o comércio, se intensificado, assim como os debates nas universidades. É a chamada Baixa Idade Média, período entre o século XI até o XV (a Alta Idade Média estendeu-se dos séculos V ao X).

Na transição para a Idade Moderna (1453 - 1789), caracterizada pelas monarquias nacionais e pelo sistema mercantilista, as ideias de Nicolau

Copérnico e Galileu Galilei mudaram o entendimento do cosmos e do próprio homem, conforme apresentado no capítulo 4, o que acabou reposicionando o legado aristotélico.

Ética a Nicômaco

O pensamento de Aristóteles também alcançou o mundo islâmico. No século VII, os registros do filósofo grego foram traduzidos para o árabe e ganharam prestígio entre sábios orientais, como Avicena (980 – 1037).

No século IX, que marca o início da escolástica, todas as ideias aristotélicas foram agrupadas em obras que são conhecidas até hoje, como Ética a Nicômaco e Organon.

Seus escritos sobre lógica permaneceram até o século XIX, que marca o surgimento da lógica matemática.

Ao longo da Idade Média, sua classificação dos seres vivos vigorou e, ainda que a Idade Moderna tenha gerado questionamentos em relação às suas teorias científicas, o método de investigação aristotélico foi abraçado pelos renascentistas.

Conforme explicado no capítulo 4, os legados de Aristóteles e Platão ajudaram a estimular as argumentações entre racionalistas e empiristas.

Retórica e dialética

Atualmente, as ideias de Aristóteles sobre retórica e dialética ainda acendem debates. "Especialmente nos critérios de exame de opiniões compartilhadas por especialistas, em áreas como o direito, por exemplo, e também naqueles que envolvem várias áreas, em casos nos quais não se tem uma certeza segura, como na medicina e certos tratamentos", esclarece Christiani Margareth de Menezes e Silva, doutora em filosofia pela Pontifícia Universidade Católica do Rio de Janeiro (RJ).

Outra disciplina que é discutida até hoje é a ética aristotélica relacionada a motivações humanas.

A busca da felicidade

Para Roberto Francisco Daniel, doutor em teologia pela Universidade Estadual da Baviera Ludwig Maximilian, uma importante questão proposta por Aristóteles que convida a uma reflexão até os nossos dias de hoje é a busca da felicidade.

O pensador grego estabelece que o propósito da vida é ser feliz, e que isso só pode ser consumado diante da autorrealização, da contemplação filosófica e da possibilidade de se viver pautado por virtudes.

"É o caráter que faz as pessoas serem quem são. Mas são as suas ações que a tornam feliz ou infeliz."

Aristóteles

PARA FIXAR NA MEMÓRIA

▶ As ideias de Aristóteles foram debatidas e difundidas na Idade Média, entre os séculos V e XV. Quem ajudou a propagar essas ideias e a reforçar a importância do legado aristotélico foi São Tomás de Aquino, famoso filósofo cristão medieval;

▶ As teorias de Aristóteles sobre ciência perderam força durante a Idade Moderna (1453 - 1789), mas sua classificação biológica, suas notas sobre lógica e seu método de investigação continuaram a despertar a atenção até o século XIX;

▶ Atualmente, a retórica, a ética e dialética de Aristóteles ainda inspiram debates, assim como suas conjecturas sobre busca da felicidade a partir da autorrealização.

Fontes consultadas

Christiani Margareth de Menezes e Silva, doutora em filosofia pela Pontifícia Universidade Católica do Rio de Janeiro (RJ), professora adjunta da Universidade Estadual de Londrina (UEL), lotada no Departamento de Filosofia do Centro de Letras e Ciências Humanas, e coordenadora do Colegiado do Curso de Filosofia da UEL, biênio 2018 - 2020;

Roberto Francisco Daniel, doutor em teologia pela Universidade Estadual da Baviera Ludwig Maximilian, com graduação em Teologia na mesma instituição e na Faculdade de Filosofia e Teologia Sankt Georgen, ambas na Alemanha. Graduado em história e psicologia, pela Universidade do Sagrado Coração, e em Direito pela Instituição Toledo de Ensino, ambas em Bauru (SP).

Artigo consultado

Compatibilidade entre psicanálise e lógica. Jorge Luís Gonçalves dos Santos e Roberto Calazans. Revista do Departamento de Psicologia da Universidade Federal Fluminense, vol. 19, n. 2, 2007: Niteroi (RJ). Disponível em http://dx.doi.org/10.1590/S0104-80232007000200006. Acesso em 17 de janeiro de 2020.

Livros consultados

A História da Filosofia. Will Durant. Tradução de Luiz Carlos do Nascimento Silva. São Paulo: Nova Cultural, 1996.

A política – Aristóteles. Tradução de Nestor Silveira. São Paulo: Folha de S. Paulo, 2010.

Apologia de Sócrates, O Banquete e Fedro. Platão. Tradução de Edson Bini e Albertino Pinheiro. São Paulo: Coleção Folha, 2010.

Ética a Edemo. Vários autores. Tradução de Edson Bini. São Paulo: Edipro Grupo Editorial, 2015.

Filosofando – introdução à filosofia. Maria de Lúcia Aranha e Maria Helena Martins. São Paulo: Moderna, 1993.

Filosofia como esclarecimento. Bruno Guimarães, Guaracy Araújo e Olímpio Pimenta. Belo Horizonte: Autêntica Editora, 2014.

O livro da filosofia. Vários autores. Tradução de Douglas Kim. São Paulo: Globo Livros, 2011.

O livro da política. Vários autores. Tradução de Rafael Longo. São Paulo: Globo Livros, 2013.

Se Liga na Filosofia. Marcus Weeks. Tradução de Rafael Longo. São Paulo: Globo, 2014.

The Lagoon: How Aristotle Invented Science. Armand Marie Leroi. London: Bloomsbury Publishing, 2014.

Tudo o que você precisa saber sobre filosofia. Paul Kleinman. Tradução de Cristina Sant´Anna. São Paulo: Editora Gente, 2014.

Segunda edição (outubro/2022) · Quinta reimpressão
Papel de miolo Luxcream 70g
Tipografia Colaborate, Cheddar Gothic Sans e Visby
Gráfica Melting